Histoire de la littérature allemande pour débutants

Un voyage passionnant et divertissant à travers la littérature allemande du Moyen Âge à nos jours

Christian Möhlenkamp

CONTENU

Ce qui vous attend dans ce livre

Ce livre s'adresse aux lecteurs qui cherchent à se familiariser avec l'immense diversité de la littérature allemande. L'ordre chronologique choisi est le plus approprié car, contrairement aux méthodes de classement par thèmes ou par genres, il montre une genèse et retrace la généalogie de la littérature allemande. Le fait que le roman de Goethe, *Wilhelm Meisters Lehrjahre,* aurait très probablement été complètement différent sans le *Simplicissimus de* Hans Jakob Christoffel von Grimmelshausen, peut être illustré de la manière la plus simple et la plus efficace dans le cadre d'un voyage dans le temps présenté chronologiquement. Et ce n'est qu'un exemple parmi tant d'autres, notamment dans le domaine de la poésie.

On pourrait donc préciser : Le livre s'adresse aux lecteurs qui souhaitent entreprendre un long et passionnant voyage à travers le monde des mots, en tant que héros de leur propre histoire évolutive, au cours duquel ils acquièrent une vue d'ensemble de plus en plus précise et parviennent finalement à un point où il leur est plus facile de choisir, parmi la multitude d'ouvrages, ceux qui les intéressent vraiment.

Les auteurs présentés à titre d'exemple dans la deuxième partie peuvent servir de mise en bouche et peuvent être considérés comme tout à fait représentatifs de la littérature allemande. Schiller séduira surtout les amateurs de pièces de théâtre ou de ballades d'une forme parfaite, d'une grande complexité thématique et d'une grande beauté linguistique, tandis que les textes de Rilke vous séduiront davantage si vous aimez les poèmes ou les cycles de poèmes à la métrique travaillée et aux nombreuses références intertextuelles et interculturelles, ou si vous vous intéressez à une littérature sensible et introspective comme *Les notes de Malte Laurids Brigge* et *Lettres à un jeune poète*. Daniel Kehlmann, dont les romans ont connu un succès mondial et prouvent que l'on s'intéresse aussi de près aux littératures d'autres aires culturelles dans l'espace germanophone, jette un pont vers le présent.

Aldous Huxley a dit un jour : "Celui qui sait lire détient la clé des grandes actions, des possibilités dont on ne peut rêver". Ce livre a pour but de vous faire découvrir quelques-unes de ces possibilités.

Histoire de la littérature allemande

Des *sortilèges de Merseburg* aux œuvres postmodernes complexes comme le *153 Formen des Nichtsein de* Slata Roschal, paru en 2022, la littérature allemande a beaucoup à offrir, et cette quantité, il faut la parcourir morceau par morceau, il faut se préparer à une randonnée verbale où l'endurance est plus importante que la rapidité.

En raison de sa longueur, ce livre est une promenade à travers l'histoire de la littérature allemande, mais il peut servir de premier point de repère et de guide. Il commence par les traditions archaïques du haut Moyen Âge, passe par la tradition littéraire courtoise du haut Moyen Âge et de l'époque baroque, les textes déchaînés de l'Aufklärung, l'intensité du Sturm und Drang, la diversité littéraire du XIXe et du début du XXe siècle, et s'étend jusqu'à nos jours.

MOYEN ÂGE

> "bên zi bêna, bluot zi bluoda,
> lid zi geliden, sôse gelîmida sîn".

C'est peut-être le passage le plus célèbre des *Zaubersprüchen de Merseburg*, l'un des rares témoignages en vieil haut-allemand à nous être parvenus. Si l'on traduit ces mots étranges en allemand moderne, on obtient ce qui suit :

> "Jambe à jambe, sang à sang,
> membre à membre, comme ils doivent être collés
> !"

Cette traduction d'une anthologie de poésie allemande publiée à Prague montre clairement l'évolution de la langue et la distance qui nous sépare
d'un texte antérieur à l'an 1000. Les deux formules
magiques, qui portent le nom de l'endroit où elles
ont été trouvées dans une bibliothèque ecclésiastique de Merseburg, étaient destinées à une utilisation pratique, la seconde, dont les dernières lignes sont citées ici, devant par exemple servir à de-
mander aux dieux la guérison d'un cheval. La tradition germanique joue ici un rôle important, les
tendances panthéistes étaient justement encore
très répandues malgré la christianisation.

L'histoire peu claire de la transmission des
sorts, leur origine incertaine, et même l'incertitude
quant à l'aire linguistique dialectale d'où ils provi-
ennent : Tout cela illustre de manière exemplaire
les problématiques auxquelles les études médiéva-
les, la science des textes médiévaux, doivent faire
face. Même de l'âge d'or de la littérature du haut
Moyen Âge, qui couvre les XIIIe et XIVe siècles,
peu de manuscrits nous sont parvenus et ceux-ci
contiennent souvent des doublons, si bien qu'il

n'est pas rare de trouver quatre ou cinq versions différentes d'un même texte, ce qui implique la tâche de les éditer de manière appropriée.

Plus on avance dans le temps, plus le choix des textes qui nous sont parvenus est varié. Il serait impossible de détailler et d'expliquer tous les différents genres et catégories, c'est pourquoi nous nous concentrerons, à titre d'exemple, sur deux genres d'une immense importance pour la littérature allemande : d'une part l'épopée héroïque (ou poésie héroïque), d'autre part le Minnesang.

L'épopée héroïque allemande, contrairement à l'épopée chevaleresque courtoise, est principalement basée sur des légendes et des traditions germaniques. Celles-ci ont été reprises sous une forme déterminée et racontées en vers, seuls des détails s'écartant de l'histoire traditionnelle, par exemple lorsqu'une autre morale était souhaitée. La conception de l'auteur au Moyen Âge se caractérise de toute façon par le peu de liberté qui lui est accordée et par le fait que la plus grande reconnaissance est accordée à celui qui imite le mieux les grands maîtres canonisés.

L'épopée classique par excellence est la *Chanson des Nibelungen*, dont la forme actuelle remonte à un manuscrit de moyen haut allemand du XIIIe siècle. Le sujet est cependant bien plus ancien et, comme le veut la convention du genre, il est tiré du patrimoine narratif oral. L'œuvre complète de Kriemhild von Burgund et de Siegfried, le tueur de dragons, est d'une grande valeur culturelle, non seulement en raison de l'adaptation de l'opéra de Richard Wagner, mais aussi en raison de son influence sur l'émergence d'un sentiment national allemand - avec toutes les conséquences fatales que cela implique - qui montre l'influence marquante que ce jalon littéraire a laissée derrière lui.

La culture du haut Moyen Âge n'était pas seulement marquée par l'épopée populaire, mais aussi par la poésie courtoise, liée à des conventions et à des idées étroites, en particulier le minnesang. A côté de ce que l'on appelle la haute poésie, dans laquelle une dame noble était chantée et louée et où des formes fixes telles que la chanson de louange ou la complainte étaient prédominantes, il existait également la basse poésie, dans laquelle il s'agissait davantage de transmettre des sentiments réels que ne l'auraient permis les directives strictes de la haute poésie. D'autre part, le Minne inférieur était également fortement inspiré des modèles de la cour, comme le montre l'hybridité parfaite des poèmes de Walther von der Vogelweide.

L'un des ménestrels les plus connus se trouve dans une lettre d'une dame à un magister. Il s'agit d'une imitation savante de la poésie populaire, reproduite ci-dessous dans sa forme originale :

> "Tu es à moi, je suis à toi, sache-le.
>
> tu es
>
> dans mon cœur,
>
> le cœur est perdu :
>
> tu dois donc y rester à jamais".

Des poèmes comme celui-ci montrent pourquoi il vaut la peine de lire des textes médiévaux : parce que les grandes émotions ne changent guère au fil des siècles, parce qu'elles sont renégociées à chaque époque et parce que les textes qui les traitent restent ainsi intemporels.

La Réforme et l'humanisme naissant, les nouvelles formes d'art et d'expression et l'invention de l'imprimerie par Johannes Gutenberg marquent le début d'une nouvelle ère, la Renaissance, qui modifie complètement la perception de la société. Elle s'achève par le baroque, confronté à de profonds abîmes.

BAROQUE

Le 23 mai 1618, deux gouverneurs royaux et un secrétaire furent jetés par la fenêtre du château de Prague. Cela marqua le début de la Guerre de Trente Ans, qui se déroula principalement sur le territoire du Saint Empire romain germanique et ne prit fin qu'avec le traité de Westphalie en 1648. Pour la littérature baroque, il s'agissait d'une toile de fond permanente, dans laquelle s'inscrivait le changement de la langue littéraire du latin vers l'allemand. Des poètes comme Paul Fleming, Andreas Gryphius, Martin Opitz ou Christian Hoffmann von Hoffmannswaldau s'inscrivaient cependant encore fortement dans la tradition de l'élite poétique latine des générations qui les avaient précédés et faisaient moins référence à la tradition littéraire germanophone, qui s'était plutôt retrouvée dans le populaire au cours des décennies précédentes.

La première poétique allemande, le *Livre de la poésie allemande (Buch von der Deutschen Poeterey)*, rédigé par Martin Opitz en 1624, a été essentielle et a marqué la poésie baroque. Il tente d'y fonder l'autonomie de l'allemand en tant que langue littéraire et de l'opposer aux langues romanes, en particulier le français, qu'il considère comme supérieures. Opitz reprend les descriptions de Tacite sur les Germains dans sa *Germania et* les attributs positifs de bravoure, de force et de pudeur qu'on leur attribue comme exigence pour la langue allemande. Il s'agit pour lui de placer l'allemand sur un pied d'égalité avec l'espagnol, le français et l'italien en tant que langue culturelle et artistique consciente d'elle-même. Un autre élément important de la poétique normative d'Opitz réside dans sa proposition d'un nouveau comptage métrique, qui consiste en une combinaison d'alternance et d'accentuation. Celle-ci est en accord avec sa vision de l'allemand comme langue naturelle, puisque selon les règles d'Opitz, il était désormais possible à tout locuteur natif ayant une sensibilité linguistique moyenne de former un vers correct. Le site

En effet, la méthode de comptage antique n'est pas transposable telle quelle à la langue française et était donc réservée aux érudits latins ou grecs.

À la même époque, des amoureux de la langue comme Philipp von Zesen et Paul Fleming ont poussé au développement d'une langue allemande unifiée, car celle-ci était encore très fragmentaire, en accord avec la situation politique confuse. Avec l'esthétique de Martin Opitz, ils ont jeté les bases de la littérature allemande baroque.

Les contradictions thématiques sont caractéristiques et se retrouvent également dans la structure formelle des textes, les motifs du *memento mori, du carpe diem* et de la *vanitas étant particulièrement mis* en avant. Le *carpe diem* et le *memento mori* forment une paire d'opposés : d'une part, l'appel à *profiter du jour,* qui rappelle les enseignements épicuriens, et d'autre part, la *réflexion* fataliste et résignée sur le *fait que tu es mortel,* qui s'oppose au premier. Enfin, *la vanitas* se

concentre sur le caractère éphémère de toute existence, qui inclut également la vanité de l'homme.
Ces motifs se reflètent particulièrement dans la
poésie, dont les conventions formelles correspon-
dent fortement à l'antithèse et au paradoxe. La
forme la plus populaire, le sonnet pétrarquiste,
était composé en alexandrins (en suivant Opitz ou
le modèle français au lieu de l'endecasillabo pétra-
rquien), un jambage à six accents avec une censure
audible après la troisième levée. De plus, la divi-
sion du sonnet en strophes de quatre et trois lignes, appelées quatuors et tercets, crée une tension
supplémentaire qui peut également être fruc-
tueuse en termes de contenu. Un très bon exemple
est le sonnet suivant d'Andreas Gryphius, datant
de 1637 et intitulé *Es ist alles eitel (Tout est vanité)*,
reproduit ici dans une version modernisée :

"Vous voyez partout où vous regardez la vanité sur la terre.
Ce qu'un homme construit aujourd'hui, un autre le détruira demain :
Là où il y a
des villes, il y aura une prairie
où l'enfant du berger jouera avec son troupeau.

Ce qui fleurit encore aujourd'hui sera bientôt piétiné.

Ce qui maintenant palpite et résiste ne sera plus demain que cen-
dres et os,
rien n'est éternel, pas même le minerai ou le marbre.
Maintenant, la chance nous sourit, bientôt les plaintes gronde-
ront.

La gloire des grandes actions doit s'évanouir
comme un rêve.
Le jeu du temps, l'homme léger, doit-il subsister ?
Hélas ! Qu'est-ce que tout cela, que nous considérons comme dé-
licieux ?

Comme un néant, comme l'ombre, la poussière et le vent ;
Comme une fleur des champs qu'on ne retrouve pas.
Ni aucun homme ne
veut considérer
ce qui est éternel".

Dès la première strophe, on voit à quel point la structure antithétique de l'alexandrin peut être utilisée avec virtuosité. Le motif principal de la *vanitas* se manifeste dans l'opposition entre ce qui est présent et ce qui est à venir, qui prédomine dans les deux seconds vers. La vanité qui donne son titre au texte doit être comprise dans son sens littéral originel comme une nullité, ce qui rend la récurrence de *vanitas* plus évidente.

Dans la deuxième strophe, Gryphius poursuit la réflexion, la césure étant toujours utilisée comme axe du miroir. Ensuite, la rupture formelle du sonnet s'accompagne d'une rupture de fond, dans la mesure où le poète émet des réflexions philosophiques plus générales, prônant d'une part le caractère inéluctable de l'éphémère, et d'autre part un dépassement fataliste du monde comme solution à la souffrance présente. Les efforts et les charges de la vie terrestre ne peuvent être compensés que par ce qui est éternel après la mort, comme l'illustre le dernier vers.

L'influence chrétienne de Gryphius est une manière de traiter les motifs mentionnés, une autre se retrouve par exemple dans les poèmes de Hoffmannswaldau, comme dans *Où sont les heures, où* une approche plus séculière - du moins à première vue - se manifeste.

L'épopée était un genre plutôt secondaire à l'époque baroque, mais en 1668 parut un roman qui est encore aujourd'hui considéré comme l'une des œuvres les plus importantes de tous les temps en langue allemande. Il a été écrit par Hans Jakob Christoffel von Grimmelshausen, né en 1622 dans la Hesse et mort huit ans après la publication de son œuvre principale. Pendant la guerre de Trente Ans, il a travaillé comme mercenaire et, après la guerre, il a exercé divers métiers. Son activité d'écrivain n'a probablement commencé que 15 ans avant sa mort, comme l'indiquent les dates de publication de ses œuvres. *L'abentheuerliche Simplicissimus Teutsch* ou, en abrégé, *Simplicius Simplicissimus* est considéré comme l'un des premiers romans d'aventures allemands et le plus important roman baroque. L'intrigue, divisée en trois parties, est placée sous le thème principal de la désillusion du héros candide et s'articule autour de l'initiation, du voyage à travers une grande partie de l'Allemagne, au cours duquel Simplicius apprend à connaître la société de son temps, et enfin de la rétrospective des expériences vécues au cours de sa vie.

Enfant, le héros du roman doit s'enfuir de la ferme de son père lorsque des bandes de maraudeurs dévastent sa maison. Il s'enfuit dans la forêt et est recueilli par un ermite chrétien qui l'instruit et lui apprend à lire et à écrire. C'est de lui qu'il tire son surnom de Simplicius. Au bout d'un certain temps, son mentor lui révèle qu'il va bientôt mourir. Peu après, Simplicius, de son vrai nom Melchior Sternfels von Fuchshaim, quitte l'ermitage, mais il est à nouveau frappé par la guerre sur son chemin et retourne dans la cabane de l'ermite, qui lui a laissé une lettre dans laquelle il lui enseigne les trois piliers d'une bonne conduite, à savoir la connaissance de soi et du monde, ainsi que la constance. Après quelques péripéties, Simplicius se retrouve à la cour du gouverneur suédois de Hanau, dont on découvre qu'il est de sa famille. Il y subit cependant une désillusion et une aliénation qui le font tomber en disgrâce et le réduisent à l'état de bouffon. Avec l'aide d'un pasteur, il reste fidèle à ses idéaux (chrétiens) et poursuit son voyage, échappant encore et encore aux soldats ennemis, avant de rejoindre les rangs de l'armée impériale en tant que bouffon devant Magdebourg.

De là, il s'enfuit à nouveau et atterrit finalement à Soest, où, après la mort de son maître, il est devenu caporal et gagne de la gloire et de l'argent en commettant des méfaits en tant que chasseur de Soest. Lorsqu'il provoque deux soldats en duel, il est à nouveau capturé, mais libéré après avoir élaboré une ruse décisive. Après avoir atteint Paris via Cologne et s'être enrichi à deux reprises, tout en ayant été volé entre-temps, il est à nouveau contraint de faire la guerre. Après de nouvelles péripéties, il finit par rencontrer quelqu'un qu'il a connu dans les troupes impériales. Lors d'un pèlerinage commun, il perd à nouveau une fortune potentielle lorsqu'il rend inutile, en la posant sur le sol, une pierre qui lui a été remise par le roi des esprits de l'eau et qui peut générer une source de guérison. Il se retire alors dans une ferme où, après un certain temps, il est capturé par des soldats qui campent et, par le biais de plusieurs coïncidences, envoyé à l'autre bout du monde. Il finit par atterrir sur une île près de l'Espagne et rédige le récit de sa vie, qui est ramené en Allemagne par un marin néerlandais, ce qui met fin au livre.

Ce bref résumé montre à quel point la littérature baroque peut être exubérante et débordante. Le personnage principal de Grimmelshausen vit tout et rencontre tout le monde, et l'ensemble du roman est un jalon de la littérature allemande, ne serait-ce qu'en raison de son goût pour l'expérimentation, qui est malgré tout lié à certaines conventions de l'époque ou du genre.

Le baroque a cependant disparu peu de temps après. La raison en est le mépris dont il a été l'objet de la part des Lumières et du Sturm und Drang.

LUMIÈRES & STURM UND DRANG

L'ascension de la bourgeoisie au sein de la société des classes et l'amélioration des possibilités d'éducation ont également transformé la littérature : les récepteurs ne se limitaient plus à la noblesse et à quelques bourgeois cultivés et aisés, mais le public des lecteurs commençait à s'élargir. La religion perdait de son importance et avec elle les leitmotivs et la morale chrétienne qui caractérisaient le baroque. Bien sûr, ces derniers continuaient à jouer un rôle, mais un rôle secondaire. L'expression claire et la proximité avec la vie ou la pratique du sujet traité ont remplacé l'énigme et l'imagerie très prononcée.

Des poètes tels que Christian Fürchtegott Gellert, avec ses fables didactiques, et Johann Christoph Gottsched, dont la poétique *Versuch einer critischen Dichtkunst vor die Deutschen (Essai de poésie critique devant les Allemands)*, publiée en 1730, avait une forte connotation normative, furent les premiers représentants d'une littérature des Lumières. Le plus grand écrivain des Lumières de langue allemande fut cependant Gotthold Ephraim Lessing, dont le drame le plus important, *Nathan le Sage*, constitue un plaidoyer impressionnant pour la tolérance et la compréhension culturelle. La célèbre parabole de l'anneau, placée au centre du drame comme une leçon de morale, en est un témoignage impressionnant. Contrairement à Gottsched, Lessing prônait une littérature moins guidée par des règles et agissant davantage sur un pied d'égalité avec le lecteur, qui n'apparaissait pas comme un donneur de leçons mais qui, en réminiscence de l'Antiquité, produisait un effet proche de la catharsis.

Le fait que le français ait remplacé le latin comme lingua franca dans les sciences n'est pas anodin dans le contexte du siècle des Lumières. De plus, la langue de la philosophie s'est transformée en langue nationale, ce qui a permis à des masses plus importantes de profanes cultivés d'y accéder.

Les penseurs des Lumières, en particulier Emmanuel Kant en Allemagne, avaient pour objectif de libérer l'homme de sa minorité dont il était lui-même responsable. En 1781, le professeur de Königsberg publia son œuvre principale, qui marque un tournant dans la philosophie, la *Critique de la raison pure,* dans laquelle il examine les possibilités de l'ontologie en tant que science. En outre, trois ans plus tard, il déclara la citation d'Horace *sapere aude* comme étant la devise des Lumières, devise qui est restée jusqu'à aujourd'hui.

Ainsi, alors que la philosophie s'occupait du contexte théorique et débattait de questions de principe, la littérature se mettait au service d'une expression intellectuelle claire. Mais l'attachement aux règles fut bientôt remis en question par de jeunes poètes qui allaient fonder un courant littéraire à part entière : le Sturm und Drang.

La nouvelle génération a mis l'émotion sur un pied d'égalité avec la raison, et l'a même placée à un niveau supérieur pour la production de textes elle-même. L'imagination et la fantaisie, l'émotion et l'ingéniosité s'ajoutèrent aux idéaux de la raison et de la clarté d'esprit pour former le terreau d'un nouveau type de textes. Les revendications de Johann Gottfried Herder en faveur de la reconnaissance de la poésie populaire et son hypothèse selon laquelle les Lumières ont été trop longtemps arrogantes à l'égard du petit peuple ont été accueillies favorablement et intériorisées par ses collègues poètes. Les œuvres des premiers Goethe et Schiller, par exemple, s'inspirent de son exemple.

Les Souffrances du jeune Werther, le roman épistolaire de Goethe sur le protagoniste éponyme, amoureux malheureux, ainsi que *Les Brigands* de Friedrich Schiller, dont la première représentation à Mannheim en 1781 a donné lieu à des scènes indescriptibles, sont des témoignages impressionnants de la force et de la passion que le Sturm und Drang a apportées. Avec son accent protoromantique sur les sentiments, cette époque représente un tournant décisif dans l'histoire de la littérature allemande, qui n'avait jusqu'alors mis l'individu en avant que de manière isolée. Goethe et Schiller ont également publié des poèmes importants à cette époque, dont beaucoup sont désormais canonisés et se retrouvent dans d'innombrables compilations des poèmes allemands les plus célèbres ou les plus populaires. Dans le cas de Schiller, on peut citer l'Ode à *la joie*, qui a fourni le texte du final de la 9e symphonie de Ludwig van Beethoven, qui a ensuite été désigné comme hymne européen. Chez Goethe, c'est surtout le poème *Willkommen und Abschied qui est resté* gravé dans la mémoire collective.

Les deux auteurs ont fondé l'époque du classicisme de Weimar, qui a mis fin au Sturm und Drang et s'est concentrée de manière inhabituelle sur un lieu géographique comme centre.

CLASSIQUE

Le classicisme, souvent affublé du qualificatif *de weimarien*, peut se résumer à deux périodes : Au sens strict, elle désigne la période de correspondance intense entre Friedrich Schiller et Johann Wolfgang von Goethe, qui débute avec le début de leur échange épistolaire en 1794 et s'achève en 1805 avec la mort de Schiller. Si l'on élargit le champ de cette correspondance (en y incluant la production littéraire de Wieland et de Herder, qui ne sont pas directement liés aux deux poètes nationaux allemands), on peut la dater entre le premier voyage de Goethe en Italie en 1786 et sa mort 46 ans plus tard. Le point de référence important de ce courant littéraire était l'historien de l'art allemand Johann Joachim Winckelmann, auteur de deux écrits sur l'Antiquité grecque et romaine dans la seconde moitié du XVIIIe siècle.

Selon lui, la qualité de l'Antiquité occidentale résidait dans quelque chose qu'il essayait de désigner par le couple de termes *"noble simplicité, grandeur tranquille"*. Cette affirmation, considérée comme une maxime par les poètes classiques, répondait à la tendance de la littérature allemande à jeter des ponts entre la noblesse et la bourgeoisie, qu'elle avait développée depuis le siècle des Lumières. En 1799, Friedrich Schiller, déjà lié à Goethe par une profonde amitié, fut le dernier à s'installer à Weimar.

Le mot-clé le plus important en ce qui concerne la création littéraire de l'époque est l'harmonie ou, en termes de processus, l'harmonisation. S'inspirant de l'idéal antique, l'unité du contenu et de la forme devient l'objectif principal, ce qui signifie un retour en arrière après les époques expansives des

Lumières et du Sturm und Drang. L'échec de la Révolution française, entre autres, a été une déception pour de nombreux artistes, non seulement dans le domaine de la littérature, mais aussi pour des compositeurs comme Ludwig van Beethoven. Contrairement à ces temps troublés, le programme culturel des hommes de lettres classiques veut que les citoyens soient éduqués et formés esthétiquement à l'idéal des Lumières et de l'humanisme. Cela apparaît clairement dans le poème de Schiller "Die Bürgschaft" (La caution), dont vous lirez des extraits plus loin dans ce livre.

Pendant la période classique, on observe chez Goethe et Schiller un retour à la forme dramatique antique, dont les trois unités de lieu, de temps et d'action leur ont servi de modèle.

Les formes métriques se rapprochent également d'un idéal strictement réglementé, dont les plus belles expressions se retrouvent entre autres dans le drame en vers blancs de Goethe, *Iphigénie en Tauride*. Schiller, qui trouvait souvent son inspiration dans des sujets historiques, écrivit à cette époque, entre autres, La *Pucelle d'Orléans*, *Guillaume Tell* et son drame sur l'héritière du trône d'Écosse, Marie Stuart. Wieland et Herder, qui étaient quelque peu distants de la paire Goethe/Schiller sur le plan personnel, publièrent de nombreux écrits théoriques (Herder) et des romans utilisant des sujets antiques (Wieland).

Il est contradictoire de penser qu'à cette époque, Goethe continuait à se pencher sur son opus magnum *Faust*, dont les deux parties ont été publiées à 24 ans d'intervalle, en 1808 et 1832. Mais comme cette pièce est de toute façon un monolithe dans l'histoire de la littérature allemande, il est peut-être moins surprenant qu'il n'y paraît que Goethe ait renoncé dans *Faust* aux idéaux antiques qu'il s'était imposés.

Étant donné que le classicisme était si limité thématiquement et géographiquement, il est clair que certains poètes importants n'y ont pas participé. L'exemple le plus important est celui de Heinrich von Kleist, peu apprécié par Goethe, dont l'œuvre poétique ne peut être rattachée ni au classicisme ni au premier romantisme naissant. Certes, ses pièces reprennent souvent des thèmes antiques et respectent les préceptes stylistiques formulés par Aristote dans sa *Poétique*, mais Kleist s'intéresse davantage aux aspects abyssaux et extrêmes de l'existence humaine.

Au moment même où Schiller et Goethe se plongeaient dans des sujets antiques et où Kleist créait, à l'écart de la vie littéraire, ses récits et ses drames élaborés, un nouveau courant littéraire voyait le jour, qui avait certains points communs avec le Sturm und Drang, mais qui représentait néanmoins une grande innovation : le romantisme.

ROMANTIQUE

> "La poésie romantique est une poésie universelle progressive. [...] La poésie romantique est encore en devenir ; c'est même son essence même, qu'elle ne peut éternellement que devenir, jamais être achevée. Elle ne peut être épuisée par aucune théorie [...]".

Cette tentative de définition de la poésie romantique est signée Friedrich Schlegel, l'un des précurseurs du romantisme allemand et du romantisme tout court. Elle laisse déjà entrevoir les principales préoccupations romantiques, notamment l'objectif d'harmonisation de l'homme et de la nature ainsi que de l'âme et de l'esprit, qui se traduit par le concept de *poésie universelle progressive*. La deuxième partie de la citation, qui affirme que la "poésie romantique" ne peut être achevée, est également remarquable. D'une part, les processus d'aliénation entre l'homme et la nature, déjà ressentis à l'aube du XIXe siècle, apparaissent ici clairement, car l'union recherchée ne peut être atteinte ; d'autre part, Schlegel s'oppose explicitement à la primauté de l'homme purement guidé par la raison, en attribuant à la poésie romantique le fait qu'elle ne peut être théorisée. En cela, l'esprit du romantisme apparaît comme un mouvement explicitement opposé aux Lumières, flanqué des envolées intellectuelles de Johann Gottlieb Fichte et Friedrich Wilhelm Schelling, c'est-à-dire de la philosophie idéaliste.

Dans le contexte de la Révolution française, des guerres napoléoniennes et du Congrès de Vienne en 1815, un mouvement artistique s'est développé, englobant toutes les disciplines artistiques, de la littérature à la peinture en passant par la musique, et se consacrant à l'imagination et à l'irrationnel, s'enthousiasmant pour les abîmes psychologiques de l'homme tout comme pour le Moyen-Âge en tant qu'état idéal. Sur le plan social, cela s'accompagnait d'un rejet des habitudes de vie bourgeoises.

Le romantisme noir constitue un sous-courant important qui a approfondi la fascination romantique déjà existante pour le morbide et l'étrange et en a fait le thème principal de ses textes. Des motifs comme le cauchemar ou celui du double, qui permet un reflet de soi et renvoie donc déjà à Freud (dans l'interprétation du double comme confrontation entre le moi et son ça), ont déterminé les textes de poètes comme E. T. A. Hoffmann.

Ce dernier peut être considéré comme le représentant allemand le plus important du romantisme noir, ses œuvres comme *L'Homme au sable* ou *Les Élixirs du diable* ont également rencontré un grand succès à l'étranger, notamment en Russie et en France, et ont influencé des poètes importants comme Gogol, Dostoïevski ou Poe.

Les genres les plus importants du romantisme
étaient l'épopée et la poésie, le drame n'était presque pas utilisé, car il était perçu comme étant trop
influencé par des règles antiques et rigides. La
poésie et les histoires étaient considérées comme
plus aptes à représenter les émotions et donc à
suivre l'idéal romantique. L'émotion la plus souvent abordée était la nostalgie, que l'on essayait de
capturer dans des images qui lui correspondaient.
Le poème suivant de Joseph von Eichendorff uti-
lise le fameux symbole de la fleur bleue, utilisé
pour la première fois par Novalis dans son roman
Heinrich von Ofterdingen :

> "Je cherche la fleur bleue,
> je la cherche et ne la trouve jamais,
> je rêve que dans la fleur fleur fleurit
> mon bonheur.
>
> Je me promène avec ma harpe
> à travers les pays, les villes et les campagnes,
> pour ne voir
> nulle part
> la fleur bleue.
>
> Je marche depuis longtemps, j'
> ai longtemps espéré, j'ai fait confiance,
> mais hélas, je n'ai
> encore jamais
> vu la fleur bleue".

D'une part, la fleur bleue est utilisée dans sa signification de symbole de la nostalgie, mais d'autre part, Eichendorff réfléchit à la fonction de cette figure de style. En effet, le symbole de la nostalgie ne peut pas être trouvé et le traitement poétique seul ne supprime pas le sentiment oppressant.

Il dépasse ainsi le romantisme, qui touchait lentement à sa fin lorsque la situation politique en Allemagne devenait à nouveau plus agitée et qu'il y avait quelque chose de nouveau dans l'air, qui fut également traité en littérature par des auteurs comme Georg Büchner, en particulier dans le Vormärz.

En revanche, Heinrich Heine, dont les poèmes et les essais ont rendu le langage quotidien artistique, est considéré comme le vainqueur du romantisme.

Nous sautons les périodes mouvementées autour de la révolution de 1848 et nous nous dirigeons vers le réalisme et le naturalisme.

RÉALISME/NATURALISME

D'un point de vue historique, le réalisme est dû à un changement d'humeur après l'échec de la révolution. La bourgeoisie libérale, qui avait constitué l'essentiel des révolutionnaires, s'est trouvée confrontée, après la faible mise en œuvre de ses revendications, à l'éclatement de l'idéalisme, le courant philosophique issu de Hegel et de Fichte.

C'est ainsi que la volonté de regarder le monde tel qu'il est est devenue centrale, y compris sur le plan littéraire.

Il convient tout d'abord de clarifier certaines difficultés conceptuelles. Le réalisme n'est pas une reproduction grossière de tout ce qui se passe, mais il peut recomposer une nouvelle réalité à partir d'extraits de la réalité. Des termes comme réalisme *bourgeois* ou *poétique indiquent* déjà les multiples facettes de l'interprétation du réalisme. Le premier vise à représenter, outre le monde matériel, une réalité morale qui, soumise à son époque, mettait généralement en avant la valeur du travail, de l'éducation et d'une vie assimilée. Le réalisme poétique, quant à lui, met les méthodes de travail et les techniques littéraires au service de l'art, qui doit être compris comme tel. Il associe souvent une attitude narrative subjective à l'imitation de la réalité sociale.

En outre, le réalisme peut être divisé en deux phases décisives, la première étant liée à la philosophie religieuse de Ludwig Feuerbach , qui se fonde sur la solidarité mutuelle face à l'absence de toit transcendantal et considère l'homme comme un dieu pour l'homme. L'industrialisation, initialement bien accueillie, a renforcé cette attitude d'auto-émancipation. Cependant, avec l'augmentation des problèmes sociaux et le développement des théories de l'évolution de la part d'Alfred Russel Wallace et de Charles Darwin, l'état d'esprit optimiste a cédé la place à une certaine résignation qui voyait l'homme soumis à des contraintes biologiques et sociales dont il ne pouvait se libérer. Les représentants allemands de ce courant pan-occidental étaient Theodor Storm, Adalbert Stifter, C. F. Meyer, Gottfried Keller et, en tant que principal protagoniste, Theodor Fontane, dont les romans sociaux *Irrungen, Wirrungen* (1888), *Frau Jenny Treibel* (1892) et *Effi Briest* (1895) ont marqué de manière décisive le réalisme poétique et l'ont achevé avec *Effi Briest*.

Alors que le réalisme s'attachait à l'exaltation poétique de la réalité et à sa représentation dans un but précis, les naturalistes avaient pour objectif de représenter toutes les facettes de la réalité, sans omettre les épisodes prétendument négatifs. Ce positivisme a également été appliqué à l'individu, qui est lié à ses conditions déterminées par l'origine sociale et l'hérédité et qui agit de manière prévisible.

L'idéal-type du texte naturaliste a été identifié par l'écrivain Arno Holz dans la formule *Art = Nature - x,* où *x* représente l'influence artistique à maintenir aussi faible que possible. Ce courant littéraire de courte durée s'est formé en réaction aux problèmes sociaux causés par l'industrialisation et l'urbanisation croissantes. Les naturalistes allemands autour de Gerhart Hauptmann, Arno Holz, Frank Wedekind et Hedwig Dohm s'inspiraient de modèles internationaux comme Émile Zola. La question sociale était souvent abordée et la réalité de la vie des ouvriers était représentée le plus fidèlement possible (le drame *Les tisserands* de Gerhart Hauptmann en est un bon exemple). Les nombreuses particularités linguistiques ont également été reproduites sans commentaire, comme le dialecte silésien et le sociolecte des tisserands dans le drame le plus important de Hauptmann.

La première caractéristique du naturalisme est son lien étroit avec la science, les poètes tentant de reproduire la réalité de manière empirique et fidèle. Pour ce faire, ils utilisent eux-mêmes des méthodes scientifiques. L'auteur en tant qu'artiste est relégué à l'arrière-plan, il essaie plutôt de procéder de manière documentaire, ce qui l'amène à renoncer, du moins en partie, à son individualité et à sa subjectivité. Le poète apparaît comme un scientifique créateur de littérature, qui considère l'homme dans sa situation actuelle comme le résultat final de son origine sociale ou biologique, et se réfère ainsi tout à fait au socialisme de Karl Marx et à la théorie de l'évolution.

Avec le déclin rapide du naturalisme en Allemagne, dû en partie aux lois socialistes adoptées en 1890 et à la prétendue résolution de la question sociale qui en a résulté, de nombreux courants littéraires différents ont commencé à se répandre, que l'on regroupe généralement sous le terme de *modernité*.

MODERNE

Nous nous intéresserons ici à trois courants principaux de la littérature moderne au tournant du siècle : le Fin de Siècle, qui reprend et exprime artistiquement le sentiment de l'époque, et les styles voisins de l'impressionnisme et de l'expressionnisme.

La fin de siècle est d'origine française, mais elle a été rapidement adaptée à l'ensemble de la culture européenne en tant que description d'une époque. En tant que courant artistique, il a pris en compte les sentiments et les émotions contradictoires et leur a donné une voix. La fin du XIXe siècle a été marquée par les nationalismes et les tendances à l'isolement, qui ont entraîné une situation internationale de plus en plus tendue. La peur de l'avenir et la confiance se mêlaient à une atmosphère de fin de règne fataliste qui correspondait à la situation générale des auteurs, qui se voyaient soumis à la contrainte du marché.

Hugo von Hofmannsthal, qui, sous le pseudonyme de Loris, a bouleversé la scène littéraire viennoise à l'âge de seize ans, pourrait bien représenter de manière parabolique la dichotomie de la fin du Siècle. Dans son premier sonnet "*Qu'est-ce que le monde ?*", il est encore plein d'espoir et considère le monde du titre comme "doué d'une beauté propre et immaculée". Quelques années plus tard, dans le poème *Das Zeichen (Le signe)*, le son est déjà bien différent :

> "Et si tu portais un signe,
> Une marque pourpre,
> Il devrait également blanchir,
> Il pourrait aussi aller là !"

L'éphémère et la résignation, même face à un sursaut d'espoir, contrastent avec le sonnet de jeunesse et montrent clairement la dualité typique de l'époque au sein d'un même individu.

Lorsque nous pensons à l'impressionnisme, nous pensons immédiatement aux Nymphéas de Claude Monet, qu'il a peints dans différentes configurations d'ombre et de lumière. Dans son livre sur l'impressionnisme et le symbolisme, Otto F. Best établit le lien suivant avec la peinture impressionniste : "De la même manière, l'impressionnisme littéraire peut être décrit comme l'art de la sensation personnelle de l'instant : partant de l'expérience que les choses, telles qu'elles sont "réelles", ne peuvent être reproduites artistiquement, l'impressionniste reprend des impressions subjectives de fragments de monde et les met en forme - le plus souvent dans des poèmes lyriques [...]".

Cette définition très pertinente se vérifie si l'on considère les œuvres les plus importantes des impressionnistes, dont la plus populaire est certainement la *Recherche* de Marcel Proust. Dans les pays germanophones, Stefan George, dont le vers le plus connu peut presque être lu comme un guide de l'impressionnisme ("Komm in den totgesagten park und schau"), et Eduard von Keyserling se sont notamment distingués.

L'expressionnisme, qui s'inscrit davantage dans la tradition fin de siècle, est synonyme de renouveau et d'engagement antinational dans la littérature. Les poèmes traitaient de plus en plus souvent de la problématique des grandes villes et les textes n'avaient plus seulement une note occasionnelle de critique sociale.
Les productions littéraires des expressionnistes, qui poursuivaient un programme de détachement des entraves sociales et historiques, trouvaient preneur dans des revues comme le *Brenner*. Le poème qui a servi d'amorce à l'expressionnisme

est la *Fin du monde* de Jakob van Hoddis, publié en 1911. En seulement huit lignes, il dépeint les fragmentations de la vie urbaine moderne à travers de nombreuses images disruptives.

Malgré une orientation claire, le vaste champ de l'expressionnisme permettait une grande diversité individuelle. Georg Trakl était proche du symbolisme avec ses poèmes énigmatiques sur le mythe et le numineux, dont les codes ne sont pas entièrement déchiffrables, tandis que Gottfried Benn a rompu le plus radicalement avec les notions traditionnelles de valeur et de morale en publiant *Morgue et d'autres poèmes* en 1912, fondant ainsi une esthétique de la laideur.

La poésie métropolitaine en tant que sous-catégorie dominante a été fondée par l'expressionnisme et a directement atteint son apogée absolue. Nous en citerons ici un exemple sous la forme de *Auf der Terrasse des Café Josty de* Paul Boldt :

"La Potsdamer Platz en éternel rugissement
Glacer toutes les avalanches qui résonnent
Le rythme de la rue : des tramways sur des rails de fer
automobiles et les déchets humains.

Les gens s'écoulent sur l'asphalte,
Fourmis émissaires, agiles comme des lézards.
front et mains, clignotant de pensées,
nagent comme la lumière du soleil à travers une forêt
sombre.

La pluie nocturne enveloppe la place d'une caverne,
Où les chauves-souris, blanches, battent des ailes
Et des méduses violettes se trouvent - des huiles co-
lorées ;

Ils se multiplient, coupés par les chariots. -
Berlin, le nid scintillant du jour,
De la fumée de la nuit comme le pus d'une peste".

Les allégories naturelles avec lesquelles Boldt tente de mettre en vers le Moloch de la grande ville sont bien sûr en grande contradiction avec la vie techniquement surfaite du citadin. L'insignifiance et la perdition des hommes sont également suggérées, en particulier dans la deuxième strophe. Enfin, la ville est associée à la maladie et à la ruine, ce qui fait de ce sonnet un exemple archétypal de la poésie expressionniste.

Après que les tensions politiques en Europe ont éclaté lors de la Première Guerre mondiale, la première démocratie allemande de la République de Weimar a donné naissance à de nouvelles littératures.

LITTÉRATURE DE LA RÉPUBLIQUE DE WEIMAR

Le 9 novembre 1918, Philipp Scheidemann, membre du SPD, a proclamé la République depuis le balcon du Reichstag afin de devancer les éventuelles idées révolutionnaires du KPD et de l'USPD, qui s'étaient rassemblés autour de Karl Liebknecht et Rosa Luxemburg. Après l'assassinat de ces derniers en 1919, qui a entraîné des tumultes et des émeutes réprimés par les troupes impériales et les corps francs, la République de Weimar a commencé à se consolider en tant que république démocratique. Mais l'inflation, déclenchée par le financement de la guerre et continuant à augmenter après la perte de la guerre, a débouché sur une hyperinflation en 1923, l'année du coup d'État d'Hitler.

L'Allemagne ne pouvait plus payer ses réparations et les salaires n'étaient pas adaptés à l'augmentation rapide des coûts. La menace de troubles politiques n'a pu être écartée que par un nouveau départ radical sous le chancelier Gustav Stresemann. Les années qui suivirent furent celles des "Goldene Zwanziger" (années folles), qui furent perçues comme des noces culturelles, en particulier dans la métropole de Berlin. Elles se sont terminées par un jeudi noir à la bourse de New York et un vendredi noir sur les bourses européennes, qui ont d'abord provoqué une inflation, puis une déflation encore plus fatale, favorisant l'arrivée finale des nazis au pouvoir.

Le courant littéraire le plus important de la jeune république fut la nouvelle objectivité, qui était certes liée au naturalisme, mais qui avait abandonné l'idée d'une science positiviste globale. C'est précisément l'ajout d'une conscience désabusée des conditions politiques et sociales qui la distinguait du naturalisme qui éliminait le poète. Les approches pratiques et la préparation du lectorat à la société moderne étaient des préoccupations importantes des auteurs, qui se prononçaient souvent résolument en faveur de la démocratie et tentaient de susciter un certain enthousiasme chez leurs destinataires. La poésie et la condensation

jouaient un rôle moins important que la reproduction exacte de l'observation, comme le postule Joseph Roth dans la préface d'un roman : "Il ne s'agit
plus de "poétiser". Ce qui compte, c'est ce qui est
observé".

Le roman, genre en plein renouveau, était très
populaire auprès des écrivains et du public.

L'expression *"form follows function"*, encore
très populaire aujourd'hui, aurait très bien pu être
utilisée sous la République de Weimar, car les
poètes accordaient plus d'importance au contenu
qu'à l'embellissement formel de leurs œuvres. De
plus, les personnages étaient souvent caractérisés
comme des types plutôt que comme des individus
à part entière, afin de simplifier la représentation
d'une classe sociale plutôt que d'une situation personnelle. Le roman le plus important de la nouvelle objectivité, qui la transcende en quelque
sorte, est de loin *Berlin Alexanderplatz* d'Alfred
Döblin, publié en 1929, qui décrit la vie de Franz
Biberkopf.

Parallèlement à l'épopée, l'époque a également
développé une poésie originale qui se caractérise
par une nouvelle utilisation de la langue et par

l'association du trivial et du comique avec la haute culture. Kurt Tucholsky et Erich Kästner, connu à tort comme auteur de livres pour enfants, sont les principaux promoteurs de ce courant poétique, également appelé poésie utilitaire, en associant des scènes quotidiennes à une signification plus profonde et subtile, souvent exprimée par une ironie fine ou un comique pur. Une autre grande représentante de ce style est la poétesse Mascha Kaléko, chez qui la douleur, plus cachée ou dissimulée chez les auteurs susmentionnés, est plus présente.

Après l'introduction du droit de vote des femmes en 1919, de plus en plus de femmes ont connu le succès dans la littérature. Deux des auteures les plus importantes de la République de Weimar étaient Vicky Baum et Irmgard Keun. La première a connu un grand succès financier avec ses romans, qui oscillaient entre littérature de divertissement et littérature de haut niveau, mais elle a toujours été regardée avec méfiance par la critique littéraire. On lui reconnaissait certes certaines qualités littéraires, mais on lui reprochait sa trop grande proximité avec le kitsch et le trivial. Baum elle-même, accusée à titre posthume de tendances homophobes et misogynes, savait faire preuve d'autodérision et parlait d'elle-même comme d'un "écrivain de seconde classe".

La situation d'Irmgard Keun est quelque peu différente : si ses deux premiers romans, *Gilgi, eine von uns* et *Das kunstseidene Mädchen, ont été* des succès financiers et critiques à la fin de la République de Weimar, la situation de Keun sous le régime nazi était plus difficile que celle de Vicky Baum, restée aux États-Unis après l'adaptation cinématographique de son best-seller mondial *Menschen im Hotel.*

Irmgard Keun a d'abord émigré en Belgique et aux Pays-Bas, où elle a continué à publier dans des maisons d'édition en exil, avant de rentrer illégalement en Allemagne. Après la fin de la Seconde Guerre mondiale, elle n'a pas réussi à s'intégrer à la scène littéraire de l'Allemagne de l'Ouest et s'est appauvrie. Ce n'est que peu de temps avant sa mort qu'elle et son œuvre ont été redécouvertes. Ces dernières années, une grande partie de son œuvre a été publiée en livres de poche par la maison d'édition Ullstein et les spécialistes de la littérature ont reconnu, outre la grande valeur de divertissement des romans de Keun, leur importance littéraire.

Les auteurs restés en Allemagne ont produit peu de choses importantes à l'époque du national-socialisme - à l'exception peut-être de Benn et Kästner -, c'est pourquoi nous allons nous intéresser dans le chapitre suivant à la littérature d'exil de langue allemande et mettre en lumière la perte radicale pour la littérature allemande de l'exil forcé de tant d'auteurs importants.

LITTÉRATURE DE L'EXIL

Après l'arrivée au pouvoir des nazis en 1933, de nombreux écrivains ont d'abord essayé de s'adapter au changement de contexte politique. Cette attitude a changé pour la plupart d'entre eux à la suite de l'incendie du 10 mai, au cours duquel les œuvres d'artistes non-aryens et dégénérés ont été brûlées. Il s'en est suivi l'émigration de nombreux auteurs menacés en raison de leur origine ou de leurs opinions politiques vers des pays européens et internationaux. Mais lorsque les nazis commencèrent à annexer des territoires, la question de la destination se posa à nouveau pour ceux qui s'y réfugiaient. Des conditions d'entrée parfois draconiennes rendaient la fuite encore plus difficile. La situation s'est encore détériorée avec le début de la Seconde Guerre mondiale en 1939. Les poètes qui se croyaient en sécurité en France, en Belgique ou aux Pays-Bas ont dû rapidement tenter de rejoindre la Grande-Bretagne ou les États-Unis. Anne Frank est l'exemple le plus célèbre du fait que même les persécutés qui avaient émigré ont été capturés et déportés au cours des guerres de conquête nazies.

Même après la fin de la guerre, l'incertitude régnait parmi les émigrés. Une partie d'entre eux rentrèrent en Allemagne, mais ils ne reçurent pas que de l'enthousiasme. La jeune Allemagne d'après-guerre leur en voulait pour leur combat intellectuel contre le régime nazi. Les auteurs restés à l'étranger continuèrent à être confrontés aux problèmes connus, qui ne s'apaisèrent pas après la victoire des Alliés.

Les possibilités de publication de leurs textes étaient limitées pour les quelque 1500 écrivains en exil, car il n'existait pratiquement pas de revues de littérature allemande. L'effondrement de la scène littéraire allemande hétérogène et de sa diaspora a également entraîné la perte des institutions et des plates-formes dont les émigrés avaient pu se servir auparavant. De plus, beaucoup d'entre eux n'ont réussi à s'échapper qu'avec de faux papiers et ont été privés de la nationalité allemande après leur exil.

Ils devaient ainsi se soumettre au diktat des autorités d'immigration et étaient constamment menacés d'une annulation de leur visa ou de la fin de leur tolérance. En plus de la peur permanente de l'expulsion et des griffes du régime nazi, de nombreux émigrants étaient considérés comme des informateurs potentiels par la population locale, ce qui les rendait hostiles. Sur le plan matériel, il en résulte que peu de poètes exilés ont pu vivre de leur plume et que beaucoup ont connu de graves problèmes d'argent. Sur le plan émotionnel, l'époque n'était pas moins exigeante, les traumatismes psychologiques étaient très fréquents et un certain nombre d'artistes émigrés d'Allemagne se sont suicidés.

En raison de leur dispersion géographique, les exilés n'auraient guère pu trouver un style commun avec une base poétique correspondante. De toute façon, cela ne les intéressait guère. La plupart d'entre eux poursuivirent leur création littéraire sur la voie qu'ils avaient déjà empruntée avant 1933.

Le roman était de loin la forme d'expression littéraire la plus populaire, en grande partie parce qu'il avait plus de chances de se vendre que d'autres types de textes et qu'il convenait au lectorat international et à ses habitudes de lecture. Ils traitaient souvent du Troisième Reich, soit en présentant ses antécédents et ses conditions, soit en le pensant jusqu'à sa fin catastrophique. Une autre façon d'aborder les événements en Allemagne était le roman historique, dans lequel certains événements historiques étaient mis en parallèle avec ceux du Troisième Reich. Une autre variante de ce type de roman consistait à se concentrer réellement sur des sujets historiques, ce qui était considéré comme une tendance à l'escapisme. Il faut également mentionner le roman autobiographique, dans lequel l'histoire de sa propre vie est mise en lumière par les événements de l'époque. Le dernier ouvrage achevé de Stefan Zweig, *Le monde d'hier, en est un* exemple frappant.

Le drame et la poésie n'ont guère joué de rôle dans la littérature de l'exil, ce qui était lié à de nombreux problèmes pratiques. En principe, on peut dire que ces deux genres étaient dominés par des poètes qui avaient déjà acquis une certaine notoriété sous la République de Weimar.

De nombreux écrivains exilés ont cherché des moyens d'exprimer leur opposition au régime nazi de manière activiste. La plus grande tentative a été faite par le plus célèbre d'entre eux, Thomas Mann. Dans 55 discours radiophoniques intitulés "Deutsche Hörer", il envoya aux Allemands, via la BBC, des appels à la résistance et des réflexions sur l'actualité. Les épisodes, d'une durée de cinq à huit minutes, étaient diffusés par ondes longues, de sorte qu'il était possible de les écouter avec le Volksempfänger. Même si leur influence n'est pas quantifiable, ils ne sont pas restés totalement sans effet, comme le montre le dénigrement de Mann par Hitler.

Depuis la création de la République fédérale d'Allemagne et de la RDA en 1949, il s'est passé beaucoup de choses dans la littérature, dont nous sommes encore trop proches historiquement pour pouvoir les classer plus précisément. C'est pourquoi le chapitre "Littérature contemporaine" traite autant que possible de ce qui s'est passé sur le plan littéraire en Allemagne au cours des dernières décennies.

LITTÉRATURE CONTEMPORAINE

Le premier genre à s'établir en Allemagne après la Seconde Guerre mondiale fut la littérature dite des ruines (Trümmerliteratur), qui se fondit dans la littérature d'après-guerre. La Trümmerliteratur se caractérisait par un langage laconique dont le but était de libérer l'allemand du poids du national-socialisme. L'exigence de proximité avec la vie des auteurs s'explique par le fort besoin de sécurité et de solutions pratiques qui caractérisait l'immédiat après-guerre.

La littérature d'après-guerre, quant à elle, est une description des courants littéraires plus orientée vers le temps et comprend différentes formes et idées de style. Alors que la littérature de la RDA s'est largement concentrée sur le fait de porter le nouvel État socialiste, différentes formes de traitement de l'héritage des décennies précédentes ont vu le jour en Allemagne de l'Ouest. Les panoramas sociaux critiques de Böll côtoyaient la poésie hermétique de Paul Celan.

Dans les années 50, Eugen Gomringer a jeté les bases de la poésie concrète dans les pays germanophones avec son texte *Vom Vers zur konstellation.* Elle a pour objectif de détacher le mot de son contenu herméneutique et de le faire agir comme un objet concret dans sa conception phonétique et visuelle. Le jeu avec les éléments de signification fait partie de la poésie concrète, tout comme l'agencement de clusters de mots ou de lettres. En toute désinvolture, les créations poétiques incitent au débat sur la signification et la perception, comme le montre le court texte suivant d'Eugen Gomringer :

se taire se taire se taire
se taire se taire se taire

se taire se taire

se taire se taire se taire

se taire se taire se taire

Dans ce poème, la signification du terme s'obtient d'une part par la connaissance du mot, mais aussi par l'élément purement visuel du vide.

La poésie concrète était particulièrement répandue dans les cercles de poètes du groupe de Vienne et de l'école de Stuttgart. Outre Gomringer, Ernst Jandl et Helmut Heißenbüttel comptent parmi ses principaux représentants.

Après avoir surmonté la période d'après-guerre et commencé à reconnaître la culpabilité de l'Allemagne, les années soixante-dix ont vu le développement d'une littérature que le célèbre critique Marcel Reich-Ranicki a qualifiée de nouvelle subjectivité et qui se concentre sur la représentation des rêves personnels et des problèmes privés. Elle s'opposait ainsi à la littérature politique et sociale dominante de la fin des années soixante, mais aussi à une poétique engagée dans l'expérimentation littéraire, qui puisait son inspiration dans le modernisme classique. Certes, la critique sociale était exprimée, mais toujours dans le cadre de l'expérience personnelle. Cette évolution s'est notamment concrétisée avec le livre de Christa Wolf, *Nachdenken über Christa T.*, paru en 1968. La connaissance de soi et le regard porté sur sa propre psyché étaient des démarches déterminantes pour les auteurs de la nouvelle subjectivité.

"Alors, tout commence lorsque je me trouve chez Fisch-Gosch à List sur l'île de Sylt et que je bois une Jever à la bouteille. Fisch-Gosch est une échoppe de poisson célèbre parce qu'elle est la plus au nord de l'Allemagne. Elle se trouve à l'extrémité supérieure de l'île de Sylt, directement au bord de la mer, et on pense qu'il y a une frontière, mais en réalité, il n'y a qu'un stand de poisson. Alors, je suis là, chez Gosch, à boire une Jever. Comme il fait un peu froid et qu'il y a un vent d'ouest, je porte une veste Barbour avec une doublure. Pendant ce temps, je mange ma deuxième portion de scampis à la sauce à l'ail, alors que j'étais déjà malade après la première. Le ciel est bleu. De temps en temps, un gros nuage se glisse devant le soleil. Tout à l'heure, j'ai retrouvé Karin. Nous nous

> connaissons encore de Salem, même si nous ne
> nous parlions pas à l'époque, et je l'ai vue quelques
> fois au Traxx à Hambourg et au P1 à Munich".

C'est ainsi que commence le roman *Faserland* de Christian Kracht, paru en 1995 *et* considéré comme un jalon de la littérature pop. Celle-ci est certes constituée en partie des références à la culture pop consignées dans son nom, mais un examen plus attentif ne permet pas de lui attribuer un manque de prétention. La littérature pop est, en gros, toute littérature qui naît sous les mécanismes de marché du capitalisme tardif et qui traite de son présent en conséquence.

Et aujourd'hui ? Il se passe aujourd'hui beaucoup de choses dans la littérature, qui ne pourront être regroupées en courants qu'après une rétrospective. Que le rôle de la femme et de la mère soit abordé, comme chez Anke Stelling, que l'expérience de la discrimination soit associée à la critique sociale, comme le fait Deniz Ohde, que le pays et la vie personnelle soient abordés avec un esprit nouveau, comme dans les romans de Sasa Stanisic, ou que la finesse du langage et l'expérience poétique de la réalité soient au centre des préoccupations, comme chez Peter Handke, la diversité de la littérature allemande contemporaine est grande.

Poètes allemands, penseurs allemands : trois exemples

Il est en fait impossible de ne retenir que trois des nombreux grands esprits allemands. En revanche, se concentrer plus précisément sur Friedrich Schiller, Rainer Maria Rilke et Daniel Kehlmann permet de présenter l'ensemble de leur œuvre et de vous donner un meilleur aperçu de l'ensemble de la production des trois auteurs choisis. Après une présentation des circonstances de la vie des trois auteurs, nous nous pencherons plus en détail sur leur œuvre respective, en mettant l'accent sur différents points.

FRIEDRICH SCHILLER

Le poète de Marbach est né le 10 novembre 1759, fils d'un officier. Après deux déménagements, Schiller s'inscrit à l'école de latin de Ludwigsburg. A la Karlsschule, qu'il dut rejoindre sur ordre du duc, il se consacra à l'étude du droit, tandis que lui et ses camarades de classe étaient soumis à un entraînement militaire. Plus tard, il changea de spécialité et se tourna vers la médecine, et c'est à cette époque qu'il commença à s'intéresser de plus près à la littérature. Après plusieurs tentatives de thèse, Schiller a finalement été nommé médecin militaire dans un régiment de l'armée du Wurtemberg, mais il n'a jamais été pleinement satisfait de ce poste.

En 1781, Schiller acheva sa pièce *Les Brigands*, commencée quelques années plus tôt, *et dont la* première eut lieu un an plus tard à Mannheim. Suite à plusieurs transgressions de Schiller et à des querelles politiques, le conflit entre Schiller et le duc s'est envenimé jusqu'à ce que Schiller soit contraint de fuir Stuttgart, car il lui était interdit d'écrire de manière non médicale. Commencent alors pour lui des années d'incertitude. Il trouva refuge dans un village de Thuringe et poursuivit son activité d'écrivain. En 1784, il est appelé à Mannheim pour écrire des pièces de théâtre. Un an plus tard, il doit partir et se retrouve en 1785 dans la région de Leipzig et de Dresde, où il séjourne jusqu'en 1788.

C'est là qu'il termina son *Don Karlos* et écrivit l'Ode à *la joie,* avant d'être nommé professeur associé à l'université d'Iéna en 1789. Sa situation financière précaire s'améliore et il se marie avec Charlotte von Lengsfeld. Peu après leur mariage, il tomba gravement malade, probablement de la tuberculose, dont il ne se remit pas avant la fin de sa vie. En ce qui concerne son œuvre, les dix dernières années de sa vie furent les plus fructueuses, notamment grâce à son amitié étroite avec Goethe. Schiller déménagea avec sa famille à Weimar en 1799, où il mourut en 1805, à la quarantaine, après une grave maladie.

Commençons par la poésie de Schiller, qui était déjà peu appréciée par ses contemporains par rapport à celle de Goethe. Les critiques reprochaient à Schiller de s'efforcer de transposer dans la forme lyrique des propos philosophiques et moraux, et de tomber ainsi trop souvent dans la banalité et la trivialité. C'est peut-être vrai pour certains poèmes, mais il existe d'autres exemples remarquables qui confirment le génie de Schiller et son rang de poète. L'un d'eux est la ballade *La Caution, dont* la première strophe témoigne de l'habileté de Schiller à manier les formes lyriques :

Damon s'est glissé chez Dionys le tyran
, un poignard dans la main.
Il a été mis en déroute par ses bourreaux :
"Que faisais-tu avec ce poignard ? Parle !
Répondit sinistrement le furieux :
'Délivre la ville du tyran!'
'Tu le regretteras sur la croix'".

L'exposition est terminée avec cette première strophe, le héros de la ballade a été présenté aux lecteurs et son destin nous est également connu.
Dans la suite de l'intrigue, Damon demande au tyran du temps pour marier sa sœur et lui laisse son
meilleur ami comme garant, qui devra mourir à sa
place s'il revient trop tard. Le souverain accepte et
Damon est sur le chemin du retour à temps pour
libérer son ami, mais toutes sortes d'obstacles se
dressent sur sa route : un changement de temps et
des voleurs provoquent de multiples retards. On
voit ici clairement la morale voulue par Schiller,
celle de la fidélité inconditionnelle comme idéal,
mais qui n'apparaît ni maladroite ni trop pa-
thétique, ce qui est à mettre au crédit du style de
Schiller. Damon parvient finalement à arriver à
temps et le roi, impressionné par leur amitié, lui
demande de l'accepter lui aussi comme ami.

Mais les drames les plus importants pour la
littérature allemande sont sans aucun doute ceux
de Schiller, dont les plus connus sont *Guillaume
Tell*, *Cabale et Amour* et *Les Brigands*.

Friedrich Schiller, avec son art consommé de la versification dans la poésie et le drame, est un auteur que chacun d'entre vous doit découvrir pour lui-même.

RAINER MARIA RILKE

Lorsque l'on entend le nom de ce poète autrichien, on pense d'abord à ses poèmes les plus connus, *La Panthère* et *Jour d'automne*, mais l'éventail littéraire de l'un des poètes les plus importants de l'époque moderne comprend, outre ses poèmes, des récits, des lettres, des textes sur l'esthétique et un roman.

Rilke est né le 4 décembre 1875 en Bohême, qui faisait alors partie de l'empire austro-hongrois.

Il a vécu une enfance malheureuse à Prague, marquée par l'échec professionnel de son père et le chagrin de sa mère à la mort prématurée de sa sœur aînée. La mère ne se remettait pas de cette perte et poussait Rilke à jouer le rôle de sa sœur.

Après avoir fréquenté l'école primaire, Rilke est entré en 1886 dans une école militaire en Autriche, mais cette école était contraire à ses talents et à ses goûts, si bien qu'il l'a quittée au bout de six ans pour entrer dans une académie commerciale. Après avoir été renvoyé de l'école pour une histoire d'amour, il se prépara à l'équivalent autrichien du baccalauréat, la Matura, jusqu'en 1895. Après avoir obtenu son baccalauréat, il commence à étudier dans sa ville natale, avant de partir un an plus tard pour Munich, à la prestigieuse université Ludwig Maximilian. En 1897, une rencontre décisive pour Rilke fut celle de Lou Andreas-Salomé, de quatorze ans son aînée, dont il tomba amoureux et sur les conseils de laquelle il changea son prénom de René en Rainer. Il eut une liaison avec elle pendant trois ans, mais elle resta une compagne de route éminemment importante jusqu'à sa mort. Après avoir suivi Andreas-Salomé à Berlin, Rilke entreprit plusieurs voyages, d'abord seul en Italie et à Worpswede, puis en Russie avec le couple Andreas-Salomé en 1899 et 1900. Lors de son premier voyage, il rencontra Lev Tolstoï à Moscou, et lors du second, par hasard, l'éminent poète Boris Pasternak.

Après sa séparation d'avec Lou Andreas-Salomé, il se marie avec Clara Westhoff en 1901, mais abandonne la vie de famille peu après la naissance de sa fille et s'installe à Paris. Il se trouvait en permanence dans une situation financière précaire, mais celle-ci s'accompagnait d'influences et de stimulations marquantes qui firent de Paris sa seconde patrie.

Rilke a trouvé un nouvel éditeur en la personne d'Anton Kippenberger de la maison d'édition Insel, pour qui il est devenu l'auteur contemporain le plus important. Après avoir achevé son unique roman, *Les notes de Malte Laurids Brigge*, en 1910, il traverse une crise de l'écriture, qui débute par ses révolutionnaires *Elégies de Duino, mais qui est* aggravée par le début de la Première Guerre mondiale et le départ de Rilke pour le service militaire en 1916.

En 1919, Rilke partit de Munich pour la Suisse avec le désir de poursuivre le travail sur ses Elégies. A Zurich, il rencontra Nanny Wunderly-Volkart, qui lui apporta son soutien sous forme de mécénat et dont le cousin mit gratuitement à la disposition du poète le lieu de résidence que Rilke avait trouvé au bout de deux ans. C'est là qu'il finit par achever en peu de temps, en 1922, les *Elégies de Duino* et les *Sonnets à Orphée,* qui constituent l'apogée de son œuvre.

À partir de 1923, l'état de santé de Rilke se dégrade de plus en plus, ce qui l'amène à se rendre à plusieurs reprises dans des sanatoriums et à tenter de lutter contre son malaise en s'installant brièvement à Paris. Jusqu'à sa mort fin 1926, il écrivit encore quelques poèmes et œuvres en français. Rainer Maria Rilke a été enterré le 2 janvier 1927 en Suisse, près de son dernier domicile.

L'œuvre de Rilke est fortement influencée par les réflexions philosophiques d'Arthur Schopenhauer et de Friedrich Nietzsche, qu'il a reçues très tôt. Après un voyage en Orient, Rilke a également commencé à s'intéresser de plus en plus à l'Islam, tout en critiquant le manque de référence à l'ici-bas dans le christianisme. On peut le considérer comme un représentant du transcendantal dans la mesure où il rejette une croyance scientifique purement positiviste. D'autre part, un profond scepticisme est inscrit en lui, comme on peut le voir dès la première ligne de la première des Elégies de Duino :

"Qui, quand je crie, m'entend des ordres des
anges ?"

Dans l'ensemble, Rilke est considéré à juste titre comme l'un des poètes allemands les plus importants du XXe siècle, dont *les Lettres à un jeune poète* et les poèmes ont reçu une réception mondiale.

DANIEL KEHLMANN

Le dernier auteur présenté qui mérite d'être lu, Daniel Kehlmann, est né le 13 janvier 1975 à Munich. Il est présenté à travers ses œuvres, qui produisent un parcours littéraire très particulier.

En 1997, Daniel Kehlmann a fait son entrée sur la scène littéraire avec son premier roman, *Beerholms Vorstellung*. Le jeune homme, alors âgé de vingt-deux ans, a reçu des éloges de la part de la presse, mais on lui reprochait un prétendu manque d'aplomb et de style. Kehlmann a raconté la biographie fictive du magicien Arthur Beerholm, qui réfléchit sur sa vie et s'adresse, en tant que personnage narratif, à une femme mystérieuse qui reste étrangement floue. Une introduction intéressante à l'œuvre de Kehlmann.

Son premier roman a été suivi en 1998 par le recueil de nouvelles *Unter der Sonne*, dont les huit récits ont pour thème le désir de l'homme de transcender l'existence. Les histoires les plus fortes du recueil sont *Pyr, qui* parle d'un électricien de télévision pyromane, *Töten* et la nouvelle éponyme *Unter der Sonne*, mais les autres contributions du recueil témoignent également du haut niveau littéraire de Kehlmann.

Après le roman *Mahlers Zeit* en 1999, Daniel Kehlmann a publié en 2001 chez Suhrkamp la nouvelle *Der fernste Ort (Le lieu le plus éloigné)*, dans laquelle le protagoniste Julian tente de s'échapper de sa vie passée, présentée sous forme de flashback. Sur le plan thématique, on peut trouver des liens avec *Unter der Sonne*, et l'auteur poursuit en outre le réalisme magique qu'il cultive depuis ses débuts. A l'époque, la critique littéraire a méconnu la double structure ambivalente de la nouvelle, comme Kehlmann l'a lui-même fait remarquer dans des travaux ultérieurs de vulgarisation littéraire.

Son troisième roman, *Moi et Kaminski*, paru en 2003, est l'un des meilleurs romans de la littérature allemande contemporaine, une comédie grandiose autour de Sebastian Zöllner, un historien de l'art imbu de sa personne, qui souhaite relancer sa carrière en écrivant une biographie de Manuel Kaminski, un peintre célèbre. Mais au fur et à mesure qu'il fait connaissance avec Kaminski, son ignorance se révèle, en contradiction avec ses propres déclarations. Un bonbon délicieusement divertissant et d'une grande qualité littéraire.

Deux ans plus tard, Kehlmann publiait son roman le plus populaire, la fiction historique *La Mesure du monde, qui met en scène* deux génies allemands universels, Alexander von Humboldt et Carl Friedrich Gauss. La particularité stylistique de ce best-seller mondial est le dialogue au subjonctif, qui est systématiquement rapporté sous forme de discours indirect et qui confère au livre son propre caractère comique.

En 2007, il a publié *Ruhm - Ein Roman in neun Geschichten*, sans doute son œuvre la plus aboutie. L'habile jeu postmoderne de Kehlmann avec la réalité et la fiction, dans lequel les personnages sont tous liés d'une certaine manière par le concept de célébrité, est un jalon de la littérature allemande. Kehlmann parvient à relier subtilement les différents épisodes entre eux, reflétant ainsi formellement le monde d'Internet. Dans son énigme partielle, le livre rappelle des films comme *Pulp Fiction* de Quentin Tarantino.

Dans *F* de 2013, le poète se penche à nouveau sur le monde de l'art, mais celui-ci n'est qu'une partie parmi d'autres d'un réseau familial. Le destin, *fatum* en latin, *joue* un rôle aussi important que l'indiscernabilité partielle de la réalité et de la fiction. Le livre figurait sur la liste longue du prix du livre allemand.

En 2017 est sorti le dernier roman en date de Kehlmann, intitulé *Tyll*, qui transpose le personnage de Till Eulenspiegel à l'époque de la guerre de Trente Ans. Dans un nouveau jeu avec la vérité et la fiction, des personnages historiques authentifiés sont introduits, comme l'érudit ecclésiastique Athanasius Kircher, qui fait le procès en sorcellerie du père de Tyll en raison de ses connaissances en magie, ou le poète Paul Fleming, l'un des pionniers de la poésie en allemand moderne.

La position de l'Église est ainsi ironisée, puisque Kircher et Tesimond, les responsables catholiques du procès de sorcellerie, condamnent la superstition comme un péché et un signe de sorcellerie, mais en font eux-mêmes usage. Dans une scène du roman, un carré magique cité aide même à trouver une issue à une situation difficile.

Daniel Kehlmann est sans aucun doute un écrivain majeur de notre époque, dont les romans variés allient à merveille plaisir de lecture et exigence littéraire.

Des racines à l'ave- nir - un aperçu

"Nous sommes nous-mêmes déçus et nous regardons affectés/ le rideau se ferme et toutes les questions restent ouvertes".

Cette phrase tirée de l'épilogue de la pièce de théâtre de Bertolt Brecht, *Le Bonhomme de Sezuan*, peut également s'appliquer à la perspective de l'avenir de la littérature allemande. Nous ne savons pas ce qui se passera à l'avenir. Les tendances postmodernes se poursuivront-elles et culmineront-elles dans une avant-garde qui perdra de vue son lectorat ? Va-t-on assister à l'émergence d'un conservatisme littéraire qui s'opposera aux évolutions technologiques et qui évoquera peut-être avec nostalgie le meilleur des mondes d'hier ? Ou bien de toutes nouvelles littératures émergeront-elles, portées par des générations qui ont été socialisées dès le début avec les médias sociaux ? Il ne nous reste plus qu'à attendre et à continuer à lire, à nous délecter des nouveaux délices littéraires qui apparaissent et à redécouvrir les œuvres classiques. Cet effort n'est en aucun cas vain, car, pour paraphraser une phrase pertinente du cinéaste soviétique Andreï Tarkovski : La lecture nous permet de ne pas seulement regarder, mais de voir.

www.ingramcontent.com/pod-product-compliance
Lightning Source LLC
Chambersburg PA
CBHW060448160726
47992CB00003B/1137